Género Ficción realista

Pregunta esencial

¿Cómo los poetas miran al éxito de diferentes formas?

La final

Paul Mason

ilustrado por S G Brooks

Capítulo 1
Una delantera nueva

Solo quedaban cinco minutos de juego: cinco escasos minutos para llegar a las vertiginosas finales del torneo o terminar otra temporada con un lamento. El marcador estaba empatado 1 a 1.

Ana observaba a su equipo desde la banca, casi no podía respirar. No soportaba ver perder a las Pumas, aunque no había tenido la oportunidad de jugar esta temporada.

En ese momento, una defensa golpeó en la espalda a Tina, la delantera de las Pumas que tenía el balón. El árbitro pitó falta e indicó un tiro libre para el equipo, que probablemente sería el último tiro del juego.

Juliana se alineó para lanzarlo, corrió hacia adelante y pateó el balón alto hacia el arco, con la esperanza de que alguien saltara para interceptarlo. En efecto, allí estaba Tina: un salto enorme, su cabeza y sus hombros por encima de las demás, casi como si estuviera flotando en el aire.

¡Pum! Tina recibió el balón con un cabezazo demoledor, que sobrepasó a la arquera y terminó en el fondo de la red, pero Tina cayó al suelo y su cuerpo rodó torpemente cuando sonó el último pitazo.

La multitud enloqueció armando un jolgorio. Solo cuando la emoción se calmó, se percataron de que Tina aún estaba tendida en el suelo.

La entrenadora López corrió hacia la cancha y pronto se dio cuenta de que Tina estaba lesionada y le pidió al papá de Tina que trajera hielo.

El júbilo de las Pumas se silenció cuando vieron a su jugadora estrella en el césped con hielo en el tobillo.

Ana se arrodilló a su lado y puso la mano sobre el hombro de su compañera.

—¿Cómo te sientes? —preguntó angustiada.

—Estaré bien —contestó Tina sonriendo entre dientes.

Sin embargo, durante el entrenamiento del día siguiente, se hizo evidente que las cosas no iban por buen camino. Al ver a Tina cojeando en muletas con la pierna enyesada, el equipo comprendió que no había manera de que ella jugara en las finales.

La entrenadora López reunió al equipo.

—Quizá se dieron cuenta de que necesito una delantera nueva ahora que Tina está lesionada.

Mientras el equipo corría a la cancha, Ana se acercó a Tina.

—Lamento mucho que no puedas jugar —le dijo.

—Aún no me lo creo, pero gracias —respondió Tina encogiéndose de hombros—. ¿Vas a presentarte para mi posición?

Ana asintió:

—Eso me gustaría hacer.

En casa, Ana se apresuró a contarle la noticia a su hermano Raúl. La posición de delantera pendía frente a ella como una zanahoria gigante y ella haría todo lo necesario para aprovechar la oportunidad.

—Definitivamente eres muy buena —dijo Raúl—. Solo tienes que hacer un esfuerzo para lograrlo.

—Sí, imaginé que dirías eso.

—Pero te diré algo: las finales son una cuestión muy diferente porque los mejores equipos del distrito estarán allí, así que debes estar preparada.

Capítulo 2

Con los pies en la tierra

Ese fin de semana, las jugadoras de las Pumas y sus familias fueron a pasear al parque para celebrar la llegada a las eliminatorias finales con una parrillada.

Mientras los padres alistaban la comida, Rebeca, la capitana de las Pumas, vio a un grupo de niñas en la cancha de fútbol.

—Oigan, retémoslas a jugar —dijo.

Ana las veía. Parecían de su edad.

—Apuesto a que podemos derrotarlas —les dijo Juliana a sus amigas, corriendo hacia las niñas. Las demás la siguieron.

—No tienen mucho tiempo, ya va a estar listo el almuerzo —les dijo una mamá.

Rebeca se presentó ante una de las niñas y le preguntó si querían jugar, y ellas aceptaron.

—¿Mezclamos los equipos? —preguntó una niña.

—No —dijo Rebeca—. Si están de acuerdo nos quedaremos en nuestro equipo.

Rebeca sonrió mientras corría en la cancha hacia su posición en el arco.

Ana se alistó para el saque y luego le pasó el balón a Juliana. ¡El juego comenzaba!

En un instante, una niña del otro equipo estaba frente a Juliana. Casi no tuvo tiempo de pasarle el balón a Sara, quien tomó la delantera con el balón a sus pies y luego buscó cómo hacer un pase cruzado. Ana corrió hacia el centro para recibirlo, pero el balón no llegó.

Sara fue derribada, y cuatro pases después, Rebeca estaba sacando el balón de la red. El otro equipo había anotado un gol.

Cuando el llamado a almorzar rescató a las Pumas, el marcador estaba 6 a 1 y el otro equipo ni siquiera había empezado a sudar.

—Gran juego —dijo una de ellas riendo mientras Ana y las demás se escabullían.

Ana solo negaba con la cabeza: era evidente que no estaba en forma.

—Solo espero que no tengamos que enfrentarnos a estas niñas en el torneo —dijo Rebeca.

—Tal vez los demás equipos son tan buenos como este —comentó Ana—, así que tendremos que mejorar un poco.

Las otras niñas no dijeron nada, pero se veían abatidas mientras regresaban con sus familias.

Detective del lenguaje

El verbo subrayado es copulativo. Busca en esta página dos ejemplos de verbos copulativos.

Durante el siguiente entrenamiento, las niñas hablaron del juego en el parque.

—El balón estaba pegado a sus pies —dijo Juliana.

—Y eran rápidas —agregó Rebeca.

—Bueno, son dos cosas en las que pueden trabajar más —dijo la entrenadora señalando la cancha—. Quiero que hagan carreras cortas de gran velocidad, ¡ustedes conocen la rutina!

Después de 20 minutos de carreras de velocidad, las caras de las niñas brillaban.

—Mis piernas están temblando —se quejaba Sara.

—Aún no han terminado —dijo la entrenadora López con una sonrisa pícara—. Ahora, corran esquivando los conos y luego hagan un tiro al arco antes de que Rebeca las bloquee. ¡Vamos!

Ana corrió hacia el frente de la fila, ansiosa de ser la primera. Se sentía a gusto con el balón a sus pies, sentía que estaba bajo su control. Guió el balón alrededor de los conos, cambiando hábilmente del pie derecho al izquierdo, antes de hacer un tiro al arco. Rebeca saltó estirándose por completo y desvió el balón.

—Tendrás que esforzarte mucho más —dijo la entrenadora López con una sonrisa.

—Eso planeo —respondió Ana corriendo hacia el final de la fila para esperar su próximo turno.

Capítulo 3
Osadía

Al final de la semana, la entrenadora López organizó un juego de práctica y le dio a Ana su primera oportunidad. Aunque las Pumas solo lograron un empate, y tuvieron suerte de lograrlo, era evidente que Ana había sido la jugadora más osada de la cancha.

—Pudimos haberlo hecho mejor —le dijo después Ana a la entrenadora López, mientras cerraba la cremallera de su sudadera.

—Ana, lo hiciste bien. Sigue así —le dijo la entrenadora.

La entrenadora se daba cuenta de cuánto deseaba Ana la posición de Tina, y las demás jugadoras también lo habían notado.

—¿Cómo estuvo el juego? —preguntó Raúl cuando Ana llegó a casa.

—Muy bien —dijo Ana—. Anoté un gol, pero el otro equipo era mejor. ¿Tienes tiempo para hacer ejercicios antes de la cena?

En el jardín, Ana y Raúl se lanzaban el balón de aquí para allá como un yo-yo. Luego, Raúl hizo que Ana regateara con el balón alrededor del jardín hasta que la oscuridad ya no los dejó ver.

En el último entrenamiento, después de lo que parecían interminables juegos de práctica, rutinas de pases y carreras cortas de gran velocidad, la entrenadora López anunció la conformación del equipo de las Pumas.

—Rebeca, tú estás en el arco y a Juliana y a Sara las quiero en el mediocampo.

Mientras la entrenadora leía los demás nombres, Ana sintió cosquillas en el estómago.

"Después de tanto esfuerzo en el jardín con Raúl, que sea yo, ¡que sea yo!", pensó Ana.

—Y como delantera, Ana, pues logró conseguir nuevos niveles de calidad en el entrenamiento —dijo mirándola.

Mientras el resto del equipo aplaudía, Ana suspiró. Durante el entrenamiento de ese día se exigió más que nunca.

El día del torneo, mientras se ponía la camiseta de las Pumas, Ana sintió una descarga de energía que recorría su cuerpo. Había llegado el momento.

Ella y las demás jugadoras intentaban permanecer concentradas mientras escuchaban las últimas instrucciones de la entrenadora.

Cuando salieron a la cancha, Ana miró a su alrededor y notó que su equipo iba a jugar frente a una multitud más grande de lo que estaban acostumbradas.

Ana corrió hasta el centro a esperar el pitazo inicial, le sonrió a la niña que tenía en frente, pero ella no le respondió. La niña tampoco sonreiría al final del juego porque su equipo se escabulliría después de perder el partido por dos goles.

Ana vio a Raúl y a sus padres entre el público y los saludó. Su hermano corrió hacia ella.

—Ese fue un tremendo gol para abrir el marcador —dijo con una enorme sonrisa.

—Gracias, espero que podamos aguantar la presión —dijo Ana.

No obstante, la semifinal fue mucho más difícil. Si Rebeca no hubiera logrado hacer algunas buenas atrapadas, las Pumas podrían haber perdido por cuatro goles en el primer tiempo.

Al comienzo del segundo tiempo las cosas empezaron a mejorar. Ana le hizo un pase a Juliana desde el otro lado de la cancha y su amiga lo introdujo en la red. ¡Iban ganando!

Luego, el otro equipo inició el ataque. Durante el resto del juego, las Pumas tuvieron que defenderse para mantenerse a la cabeza. Al final, el árbitro pitó y ellas, contra todo pronóstico, llegaron a la final.

—¡Fue un gran éxito! Nos mantuviste en el juego —dijo la entrenadora dándole palmaditas en la espalda a Rebeca—. Ahora, podremos descansar antes de la final, que se jugará contra las Cobras, las ganadoras del año pasado, así que ustedes tendrán que dar lo mejor.

Ana miró al equipo que estaba al otro lado de la cancha y en sus camisetas anaranjadas decía "Cobras".

—Miren quiénes son... —dijo Sara señalándolas y frunciendo el ceño— las niñas del parque.

—Pues que no piensen que esta vez nos ganarán por seis goles —dijo Ana.

Detective del lenguaje **¿Cuál es la función del punto y aparte en la oración subrayada?**

Capítulo 4
El mordisco de las Cobras

Las Cobras hicieron el saque inicial del partido final. Hábilmente, se pasaban el balón y se encontraban con facilidad. Ana y las demás luchaban por apropiarse del balón. Era como si persiguieran sombras, como aquel día en el parque.

Una y otra vez, mientras se defendían con ahínco, las Pumas se veían obligadas a retroceder hacia su arco. No una, sino dos veces, Sara apenas pudo interceptar el balón que se dirigía hacia el arco.

Juliana participaba en cada intento por apoderarse del balón mientras luchaba para evitar que las Cobras avanzaran y lanzaran tiros al arco. Rebeca saltaba a la izquierda y la derecha para mantener el balón fuera del arco; las Pumas estaban en problemas y lo sabían.

Antes del segundo tiempo, Ana le quitó a la perfección el balón a una oponente y, antes de que las Cobras pudieran reaccionar, salió a toda marcha por la cancha. No había nadie frente a ella, excepto la arquera.

Con el arco a la vista, Ana controló sus nervios, se tomó su tiempo y golpeó suavemente el balón. La arquera de las Cobras voló hacia la izquierda, con los brazos estirados, a medida que el balón entraba en el arco. ¡GOOOL!

Los seguidores de las Pumas rugieron, Raúl rugía más fuerte que el resto. Nadie podía creer que las Pumas estuvieran a la cabeza.

Pero si Ana y sus seguidores pensaban que era demasiado para ser verdad, tenían razón. El gol de Ana hizo que las Cobras apretaran cada vez más y, de nuevo, las Pumas perseguían sombras.

A cinco minutos del final, las Pumas perdían 3 a 1. Las Cobras tenían el balón y, sin intención de soltarlo, hacían pases con facilidad. Era evidente que ese equipo era mejor.

Cuando el árbitro dio el silbato final, Ana y las demás se dieron la mano con las Cobras y se tumbaron, agotadas, sobre el césped.

La entrenadora López tenía una gran sonrisa.

—¡Gran juego, niñas! Muy bien hecho.

—¿No está molesta? —le preguntó Juliana jadeando.

La entrenadora estaba sorprendida.

—¿Molesta? ¿Por qué habría de estarlo? Ustedes se abrieron camino hasta la final y jugaron con el alma. Salieron triunfales. ¡Estuvieron grandiosas!

Las niñas se miraban y sonreían. La entrenadora tenía razón: aunque habían perdido, jugaron lo mejor que pudieron y esa gloria no se les podía negar.

La delantera de las Cobras se apartó de las celebraciones de su equipo y se acercó.

—Es el juego más difícil que hemos tenido, qué gran gol —dijo asintiendo hacia Ana.

—Gracias. Ustedes fueron muy buenas para nosotras —dijo Ana levantándose—.Quizá la próxima vez no sea así —agregó sonriendo.

—Estoy impaciente por verlo. Nos vemos —dijo y se fue sonriendo a reunirse con su equipo.

—Queda un año para el siguiente torneo —le dijo Ana a Rebeca—. Hay suficiente tiempo para entrenar. ¿Nos encontramos en el parque mañana?

Rebeca sonrió y chocó cinco con su amiga.

—Me quitaste las palabras de la boca.

Respuesta a la lectura

Resumir

Usa los detalles más importantes de *La final* para resumir el cuento. Puedes usar el organizador gráfico como ayuda.

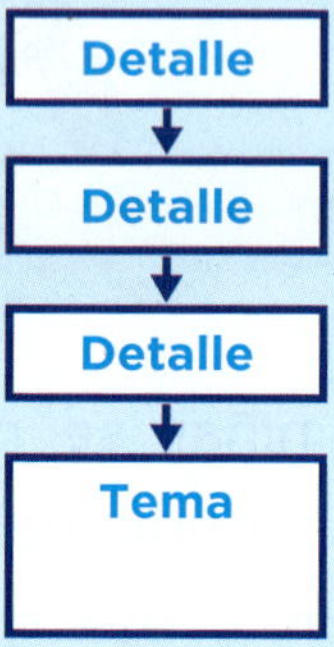

Evidencia en el texto

1. ¿Qué características del cuento te ayudan a identificarlo como ficción realista? **GÉNERO**

2. ¿Cuál es el tema de este cuento? ¿Cómo el logro de Ana, en el capítulo 3, te ayuda a determinar el tema? **TEMA**

3. ¿Qué significa *escabullían* en la página 6? ¿Qué trata de mostrar el autor? **CONNOTACIÓN Y DENOTACIÓN**

4. Escribe cómo Ana obtiene buenos resultados jugando fútbol. Incluye detalles del cuento en tu respuesta. **ESCRIBIR SOBRE LA LECTURA**

Género **Poesía**

Compara los textos

Lee acerca de un pájaro que encontró su identidad.

El primer pájaro de Piko-Niko

María de la Luz Uribe

En la espesa y olorosa
floresta de Piko-Niko
viven bestias, hay insectos;
pájaros nunca se han visto.

Pájaros nunca se han visto,
pero un día, desde el cielo,
cayó algo tibio y liviano:
era un blanco y suave huevo.

Cuando el suave y tibio huevo
tocó el suelo, se hizo añicos.
Y así apareció el primer
pájaro de Piko-Niko.

Pájaro de Piko-Niko
era, pero él no sabía
su nombre, o de qué servía,
y muy solo se sentía.

Muy solo él se sentía.
Se encontró con una piedra,
preguntó: "¿Quién soy?", y oyó
sólo risas por respuesta.

Al oír tan brusca risa
buscó, hasta que encontró
a una hiena que le dijo:
"Otros saben más que yo".

“Otros saben más que yo
—remedó alguien desde arriba—.
Nada sé yo; desde aquí,
lo de abajo está en la cima”.

“Por favor, ¿saben quién soy?”,
preguntaba a quien veía;
pero algunos se asustaban;
otros lo miraban, se iban.

Pero uno que lo miraba,
un elefante, le habló:
“Amigo, hay un lagarto
que a mí mucho me enseñó”.

“Si te enseñó —dijo el pájaro—,
llévame sin más donde él”.
Y juntos los dos viajaron
Entre el cardo y el laurel.

Los laureles se acabaron

y encontraron al lagarto:

"Lo sé bien, con pies y plumas,

¡indio eres!", dijo en el acto.

"Plumas y pies, ¿pero el arco?",

preguntó un insecto atrás.

"No eres indio. Yo sé de alguien

que es raro como tú, o más".

"Sígueme, es distinto a todos

y conoce a los extraños".

"Ojalá me reconozca",

dijo, siguiéndolo, el pájaro".

Tras el insecto iba el pájaro,

y hasta una cueva llegaron.

“Entra allí”, dijo el insecto.

La voz no le salió al pájaro.

Aún la voz no le salía

cuando vio un mirar feroz;

tomó aliento y dijo suave:

“¿Quién eres tú... eh... quién soy yo?”

“¿Quién eres tú y quién soy yo?

—dijo un monstruo entre rugidos—.

Yo soy aquel que te empuja,

y tú, ¡tú eres el caído!”

“Soy el caído, no hay duda

—dijo el pájaro al caer—;

ahora voy a morir

y esto es lo único que sé”.

"Ahora jamás sabré
por qué nací y he vivido,
y moriré sin un nombre
por lo estúpido que he sido".

"¡Pájaro estúpido!, ¿qué haces?
—oyó cuando iba cayendo—.
¡Abre las alas y gira!
¡Vuela, pájaro, en el viento!"

Hizo lo que le decían,
voló y voló entre graznidos,
y supo al fin qué y quién era:
el pájaro de Piko-Niko.

Haz conexiones

¿Cómo logra el pájaro de Niko-Piko aprender acerca de sí mismo? **PREGUNTA ESENCIAL**

¿Cuáles crees que son los logros de los personajes del cuento *La final* y del pájaro de la poesía "El primer pájaro de Piko-Niko"? **EL TEXTO Y OTROS TEXTOS**

Enfoque:

Elementos literarios

Imaginería La imaginería es un lenguaje descriptivo que ayuda a formar imágenes en nuestra mente. Los poetas se valen de la imaginería para describir cómo se ven, suenan, huelen, se sienten o saben algunas cosas. Nosotros utilizamos esas imágenes para comprender mejor una poesía.

Lee y descubre En la primera estrofa del poema "El primer pájaro de Piko-Niko" aparece la siguiente imagen: "En la espesa y olorosa / floresta de Piko-Niko / viven bestias, hay insectos; / pájaros nunca se han visto".

Tu turno

Trabaja en grupo para crear una versión del poema en multimedia. Lean el poema en voz alta tantas veces como sea necesario, hasta que sientan la musicalidad y el ritmo. Después creen una secuencia de sonidos o una serie de dibujos para acompañar la grabación.